课后半小时

小学生阶段阅读

文化基础 ✕ 自主发展 ✕ 社会参与

连接世界

课后半小时编辑组 ■ 编著

你好,中国 你好,世界

014

北京理工大学出版社
BEIJING INSTITUTE OF TECHNOLOGY PRESS

核心素养之旅
Journey of Core Literacy

中国学生发展核心素养，指的是学生应具备的、能够适应终身发展和社会发展的必备品格和关键能力。简单来说，它是可以武装你的铠甲、是可以助力你成长的利器。有了它，再多的坎坷你都可以跨过，然后一路登上最高的山巅。怎么样，你准备好开启你的核心素养之旅了吗？

文化基础

科学基础

第 1 天 万能数学〈数学思维
第 2 天 地理世界〈观察能力　地理基础
第 3 天 物理现象〈观察能力　物理基础
第 4 天 神奇生物〈观察能力　生物基础
第 5 天 奇妙化学〈理解能力　想象能力
化学基础

科学精神

第 6 天 寻找科学〈观察能力　探究能力
第 7 天 科学思维〈逻辑推理
第 8 天 科学实践〈探究能力　逻辑推理
第 9 天 科学成果〈探究能力　批判思维
第 10 天 科学态度〈批判思维

人文底蕴

第 11 天 美丽中国〈传承能力
第 12 天 中国历史〈人文情怀　传承能力
第 13 天 中国文化〈传承能力
第 ⑭ 天 连接世界 ● 人文情怀　国际视野
第 15 天 多彩世界〈国际视野

自主发展

学会学习

第 16 天 探秘大脑〈反思能力
第 17 天 高效学习〈自主能力　规划能力
第 18 天 学会观察〈观察能力　反思能力
第 19 天 学会应用〈自主能力
第 20 天 机器学习〈信息意识

健康生活

第 21 天 认识自己〈抗挫折能力　自信感
第 22 天 社会交往〈社交能力　情商力

社会参与

责任担当

第 23 天 国防科技〈民族自信
第 24 天 中国力量〈民族自信
第 25 天 保护地球〈责任感　反思能力
国际视野

实践创新

第 26 天 生命密码〈创新实践
第 27 天 生物技术〈创新实践
第 28 天 世纪能源〈创新实践
第 29 天 空天梦想〈创新实践
第 30 天 工程思维〈创新实践

总结复习

第 31 天 概念之书

养培养计划

课后半小时

小学生阶段阅读

文化基础 ✖ 自主发展 ✖ 社会参与

014

与世界相连
与时代相通

2008 年 8 月 8 日，第 29 届夏季奥林匹克运动会在中国北京开幕，这是我国第一次承办奥运会，当时的口号是"同一个世界，同一个梦想"。这与我们本册的主题"与世界相连"不谋而合。从古至今，数个朝代更迭，我们中国作为泱泱大国曾雄霸一方，也曾遭受侵略，但是这一次，我们以全新的面貌又站到了世界的面前，与世界兴致盎然地再次携手同行。

你有没有想过，在古代，当飞机、轮船还没有出现，当电话、互联网还没被发明，我们是如何与世界连接的呢？读完这本书，或许你会找到一些线索。本册中有令人起敬的前辈，他们为了祖国的发展身先士卒，以个人之力推动时代的车轮；也列举了一些多元的文化，世界

是多彩的，我们应当拥抱这份美好；还有一些传入国门后至今仍在的事物，好像在提醒着我们远方并不遥远。

我们的祖先是勇敢的，他们对远方充满了好奇，不惜远渡重洋、辛苦跋涉，与陌生的国度建立邦交，再引进新的事物、技术。这向外迈出的一步又一步，都是他们勇敢探索的证明。当紧闭的国门再次开启，我们开始去尝试新鲜的事物，以一种谦虚包容的态度面对外面的世界时，一个这样的国家，注定会再次崛起而焕发出光彩。如今，我们可以坦然地说 我们做到了！与世界相连,与时代相通……

李永斌
首都师范大学全球史研究中心教授，历史学博士

"南海一号" 沉船

撰文：陶然

20 世纪 80 年代初，在一次中国南海打捞沉船的考古活动中，考古工作者意外发现了满载南宋瓷器的沉船，这艘沉船后来被命名为"南海一号"。经考古工作者鉴定，这是一艘南宋早期的木质沉船，距今已有八百多年的历史。经过考古工作者的不懈努力，2007 年 12 月沉船整体被打捞出水，并被妥善保护起来。

宋朝时，商贸活动已经不局限于陆地上，随着航海技术的发展，海洋也不再是商贸的阻碍。当时的皇帝为了吸引外商，推行了很多"奖励"政策，如对部分商品免税，帮助外国船舶躲避飓风，外国船舶归国时设宴饯别，等等。宋朝巨大的市场和优惠的政策吸引来了大量外商，供船舶停靠的港口就有 20 多处，其中广州港、泉州港和明州港最为热闹。为了管理对外贸易和港口，宋朝设立了"市舶司"。为了方便外国商人和外国移民贸易，朝廷还在港口附近设置了供外国人居住的"蕃坊"。

宋朝皇帝不仅欢迎外商来宋，更愿意将中国特产卖到国外去。因此，宋朝政府鼓励商人们前往海外经商，商人们看到丰厚的利润便纷纷加入远洋贸易的行列中。他们驾驶着海船，带着中国的特产驶向大洋，将瓷器、茶叶、丝绸销往东南亚、印度、斯里兰卡及阿拉伯地区，为宋朝带来了巨大利益。由此可以看出，在很久以前，我们就与世界紧紧地联系在一起了。

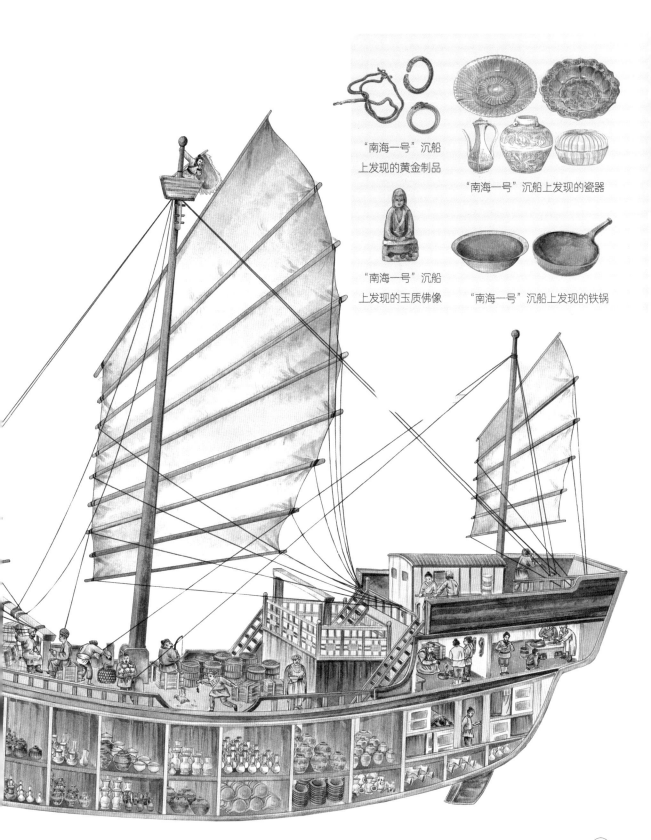

"南海一号"沉船
上发现的黄金制品

"南海一号"沉船上发现的瓷器

"南海一号"沉船
上发现的玉质佛像

"南海一号"沉船上发现的铁锅

走向世界的路

撰文∷刘彦朋 Sun 陶然

当一个国家发展到一定阶段，便会不自觉地开启向外探索的路，走向世界的路途或许艰辛，但文明碰撞后的火花却在昭示着这份艰辛的值得，国家间的连接让商品与文明都流动起来。

丝绸之路

汉武帝时期，张骞两次出使西域，与西域各部族建立了联系，同时也开通了中国历史上一条重要的商路——丝绸之路。丝绸之路开通以后，汉朝与西域各部族交往频繁，经常互派使团，相互赠送礼物。来往的使团中有不少西域的商人，而吸引他们来到汉朝的正是中原的特产——丝绸。

西汉时期，丝织业发达，织造丝绸的技术和工艺高超，织出来的丝绸精美绝伦。丝绸的吸引力超过了以往的任何商品，西域各部族的商人纷至沓来，采购光滑绚丽的丝绸。

玉门关

烽燧

走向中原

运往西域

张骞

长安

采购丝绸

丝绸就这样从长安出发，沿着丝绸之路，经过西域商人之手，转卖到了沿途各部族，最远竟然卖到了古罗马。这种光滑、精美的衣料被西域贵族和古罗马贵族疯狂追捧，其价格也一路上涨，成为极其珍贵的商品。

　　相传，罗马皇帝恺撒穿着丝绸做成的袍子到剧院看戏，贵族们羡慕不已。他们争相购买丝绸，丝绸的价格一度超过了黄金。后来罗马人把生产丝绸的中国称为丝来的地方——"丝国"。

古罗马

丝绸成为抢手商品

西域部族

海运丝绸

转运丝绸

来自西域的宝贝

丝绸之路极大地促进了中外的商贸往来、文明交流，丝绸等中国特产向西方传播的同时，西方的特产和商品也来到中原。汉朝时，从西方来到中原的"宝贝"不计其数，如汗血宝马、玻璃器、金银器、皮毛等，而来自西域的食物更是成为中原人餐桌上备受追捧的美食。

西汉时，来自西域的良种马备受汉武帝的喜欢，并被大量引进中原。良种马不仅改良了中原原来的马种，还大大提升了骑兵的战斗力。从汉朝开始，西域的马匹成为丝绸之路上的重要"商品"。

张骞第二次出使西域时，曾带回十匹乌孙马，汉武帝一开始把这种乌孙马称为"天马"。

今天再普通不过的玻璃在汉朝是贵族们喜爱的奢侈品。中国很早就有玻璃，但多是不透明的铅钡玻璃。丝绸之路开通后，含钙钠的透明玻璃传入中国，成为昂贵的商品，常常被视为宝物。

另外，来自西域的使者和商人还把造型独特的金银器带到中原。在后来的几百年里，来自西域的金银器越来越丰富，具有异域风格的金银制品也受到贵族们的喜爱。

汉武帝听说大宛盛产汗血宝马，就让使者带上用黄金制作的金马前去换取汗血宝马。不料，大宛首领不仅不同意交换，还杀掉了使者，抢走了金马和财物。汉武帝知道后，非常愤怒，便派李广利两次出兵大宛。太初年间，李广利率领大军围攻大宛，大宛的贵族被吓破了胆，便杀掉了首领，投降汉朝，献出三千多匹宝马。

西域美食

丝绸之路开通后，人们在西域尝到了很多中原没有的美味，就将它们引进到中原。两汉时期引进到中原的食物有胡饼、葡萄、安石榴、核桃、黄瓜等。

东汉铜奔马

东汉铜奔马出土于甘肃省武威市雷台汉墓，高 34.5 厘米，长 45 厘米，这匹铜马造型矫健，呈昂首嘶鸣、疾足奔驰状。作者抓取奔马奔驰的瞬间，三足腾空，一足踏飞鸟。铜奔马出土后，被确定为中国旅游标志。

"暴利长"献汗血宝马

公元前 113 年，有个名叫"暴利长"的因犯罪被发配到敦煌的小官，捕获了一匹汗血宝马，献给汉武帝。汉武帝收到汗血宝马后十分高兴，便称这种马为"天马"，将乌孙马改称"西极马"。

汗血宝马

汗血宝马又叫阿哈尔捷金马，在古代被称为"天马"。汗血宝马的耐力和速度都十分惊人，适合长途跋涉，远途行军。相传其身上会流出血一样的汗水，因此被称为"汗血宝马"。

海船

海上丝绸之路

文明的沟通并不仅局限于陆地，海洋也是文明交往的舞台。在古代，除了张骞开通的丝绸之路外，还有另一条重要的贸易通道——海上丝绸之路。唐朝后期，西域经常发生战乱，陆上丝绸之路时通时断，再加上海运远比陆运成本低，于是越来越多的商人选择了海上丝绸之路。

繁荣的海上丝绸之路为宋朝带来了香料、药材、象牙等舶来品，也将大宋的瓷器、丝绸、茶叶等商品带到世界各地。在出口商品中，瓷器成为畅销品，价格一度超过黄金。因此，海上丝绸之路又叫"海上陶瓷之路"。

▶ 延伸知识

水密舱

水密舱是用隔舱板把船舱分成多个密封的舱区，舱与舱互不相通，即使有某个舱区破损，水也不会流到其他舱区，从而减小沉船的可能性。水密舱最早出现在唐朝，是一项了不起的发明。

造船

出口白糖

制作瓷器

发达的海运离不开船舶，宋朝的海船延续了唐朝的水密舱技术，再加上指南针的运用，使航海更加安全。

▶指南针技术

指南鱼

指南鱼是北宋《武经总要》中记载的一种利用人工磁化的方法指示方向的工具，使用时，把磁化的鱼形铁片放在水里，就能指示南北。

水浮法

将磁化的铁针穿过灯芯草，使其浮在水面，磁针就可以在水面上转动并指示方向。

缕悬法

以细丝做悬线，用蜡将线粘在磁针的中部，悬挂在木架上。当磁针静止后，两端就会指向南北。

郑和下西洋

明朝时，中国在海上的运输能力达到了顶峰，不论是造船还是航运能力，都是世界第一，但是对外贸易却不如以前。

明初时，海外贸易由官府垄断。明成祖朱棣命郑和组建一支规模庞大的舰队，向世界展示明朝的国力。为此，朝廷大建海船，其中就包括一种巨大的"宝船"。

永乐三年（1405 年）六月，郑和率领船队开始了第一次远航，此后他又进行了 6 次远航。郑和 7 次下西洋，到过 30 多个国家和地区，最远到达东非和红海。

郑和下西洋不但把中国的丝绸、瓷器、茶叶等特产带到了海外，还把中国的医学、农业、造船等先进技术带到了沿途各国。郑和的船队是一支和平友好的船队，每到一个国家，都不会占领一寸土地，抢夺一件东西，而是馈赠礼物，结交朋友。郑和下西洋为明朝带来声望，一些国家开始派使臣出使明朝，和明帝国建立了邦交。

郑和是明朝杰出的航海家、外交家。他原本不姓郑，而是姓马，小名三宝，后因作战有功，被赐姓郑。他 13 岁入宫，成为一名小太监，因此又叫三宝太监，而郑和下西洋也被称为"三宝太监下西洋"。

相传，这种宝船长约 150 米、宽约 60 米，能载一千多人，是当时世界上最大的木质帆船。宝船上的锚、舵、风帆重量都在千斤以上，两三百人才能抬得动。宝船上还配有罗盘、牵星板等导航设备，因此不用担心迷失方向。每艘宝船上还配有医生、厨师来保障船员的生活。除了巨大的宝船，郑和的舰队中还有马船、粮船以及战船。

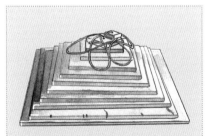

牵星板

牵星板是测量星体距水平线高度的仪器。古人通过牵星板测量星体高度，就能进一步计算出船舶在海上的位置了。

水罗盘

水罗盘是明朝航海使用的指向工具，盘面周围刻有方位，中心盛水，将磁针放在水面来指示方向。

天气：多云
主笔动物：长颈鹿

我第一次被发现的时候，被当作了传说中的麒麟……

秘密日记

漂洋过海的食物

中华文明的博大、富饶让海外各国充满向往，

中华文明在展示自己的同时，也促进了中外饮食的交流。

比如在明朝，永乐皇帝为了向世界展示中国的富强，

下令组建了当时世界上最庞大的船队。

永乐三年（1405 年），郑和率领这支庞大的船队出使西洋。

郑和 7 次下西洋开通了多条海上航线，

与很多国家建立了良好关系，

还将中国的茶叶、瓷器、丝绸、白糖、柑橘、樱桃等特产带到了海外。

这一时期，也有很多原产海外的食物漂洋过海来到中国。

辣椒

辣椒最早叫番椒，原产于美洲，明朝中期传入中国。到了今天，辣椒已经成为重要的蔬菜和调味料，辣椒做成的食物也非常多，在川菜、湘菜中都可以看到辣椒的影子。

花生

花生原产于美洲，明朝时传入中国。花生富含油脂，是榨油的原料之一。花生炒熟后是人们喜欢的零食和家常小菜。

马铃薯

土豆丝

马铃薯又叫洋芋、土豆，原产于美洲，明朝万历年间传入中国。马铃薯含有大量淀粉，是我国重要的粮食作物。马铃薯做成的土豆丝是我们最常吃的家常菜之一。

玉米

玉米面窝头　　玉米粥

玉米也就是棒子、苞谷、苞米，曾经叫作玉蜀黍。它原产于美洲，明朝时传入中国，是我们今天最常吃到的食物之一，玉米面窝头、玉米粥就是由它做成的食物。

番茄

番茄炒蛋

番茄又叫西红柿，原产于南美洲，明末传入中国。番茄最初来到中国是被当作花卉观赏的，而不是作为蔬菜食用。后来人们发现了番茄的美味，番茄炒蛋、糖拌西红柿成为家常菜。

文化交流的使者

撰文：硫克 陶然

佛教的传入

当今世界三大宗教是佛教、基督教和伊斯兰教，它们都有自己的发源地，从发源地逐渐传播开来，如今信徒遍布全球。佛教诞生的时间最早，发源于印度，是三大宗教中发源地离中国最近的，也是最早传入中国的。

与其说是传入，不如说是引进。佛教可以说是中国人主动引进的。传说东汉的皇帝做了一个梦，认为这个梦与西方的佛有关，便派人去西域拜求佛法。使者没有到印度，但遇到了印度高僧，就邀请他们到洛阳传播佛法。皇帝特别高兴，还专门在洛阳修建了一座寺庙，因为当时高僧们是用白马驮着佛经和佛像来的，所以把寺庙取名为"白马寺"。

来自日本的使者

唐朝是中国古代综合实力非常强大的时期，所以很多周边国家派使者前来交流和学习，日本就是其一。其中一位非常著名的日本留学生叫阿倍仲麻吕，就是这个时期来到大唐的。现在，中国和日本都建有阿倍仲麻吕纪念碑。

阿倍仲麻吕来到中国后就再也没有回到日本，与当时的很多大诗人都是好朋友，比如我们熟悉的李白、王维。虽然阿倍仲麻吕没能把中国文化带回日本，但他确实促进了中国和日本两国之间的往来，鉴真东渡就曾经得到他的帮助。

阿倍仲麻吕纪念碑

玄奘西行

文明史上总不乏不远万里求访异域文明的学者，比如唐朝僧人玄奘。

唐朝时，佛教日益兴盛，有些僧人甚至远赴天竺求取佛经，历史上最为我们熟知的取经人应属唐朝的玄奘。玄奘是个聪慧的僧人，20多岁就已精通各派佛学。后来玄奘发现中国的佛经并不全面，而且翻译也不统一，便有了远赴印度求取真经的想法。但当时唐朝建国不久，河西走廊被突厥人控制，而朝廷又严禁出国旅行，因此到达遥远的印度并不是一件容易的事。

《大唐西域记》

回到长安后，玄奘口述游学经历，编著了《大唐西域记》一书。书中详细记录了西域各部族的气候、经济、文化、风土人情等内容，是了解唐朝时期西域各部族的重要著作。

公元 629 年，28 岁的玄奘从长安出发，开始了西行取经的艰辛旅程。他沿着丝绸之路向西行进，穿过沙漠，翻越雪山，终于到达印度，在那烂陀寺学习了 5 年后，又在印度四处游学，拜访名师。学业有成的玄奘带着大量佛经、佛像以及珍贵的作物回到了长安，前后历时 17 年，行程达 5 万里。

玄奘

玄奘俗姓陈，名祎（yī），出生于河南洛阳缑（gōu）氏，13 岁时出家，法名玄奘。28 岁时，玄奘西行取经，前后历经 17 年。回国后，玄奘夜以继日地翻译佛经，共翻译 1 300 多卷。公元 664 年，玄奘去世。中国家喻户晓的《西游记》就是以玄奘取经的故事为原型创作的文学名著。

风滚草是一种生命力极强的植物，象征着坚持和努力。

风滚草

主编有话说

《马可·波罗游记》是马可·波罗在中国的旅游纪实，记述了他在中国各地的见闻，尤其详细记述了元大都的经济、文化、民情、风俗。它第一次较全面地向欧洲人介绍了发达的中国物质文明和精神文明，将地大物博、文教昌明的中国形象展示在世人面前。

马可·波罗东游记

马可·波罗是我们都听说过的一位著名的旅行家，说他出生在威尼斯一个商人家庭。相传，他 17 岁那年便跟随父亲和叔叔前往中国，历时约 4 年，终于到达了元朝的首都，并与元世祖忽必烈建立了深厚的友谊。他在中国游历了 17 年，曾访问当时中国的许多古城，到过西南部的云南和东南地区。回到威尼斯之后，马可·波罗在一次威尼斯和热那亚之间的海战中被俘，进了监狱。这位旅行家在监狱也没有虚度光阴，而是给狱友分享自己的游历故事，对方根据其口述，写出了《马可·波罗游记》一书。

《马可·波罗游记》把中国描述成遍地黄金的神奇国度，让读者看得心潮澎湃、无比向往。随着这本书流传得越来越广，读过的人越来越多，欧洲人想去东方一探究竟的愿望就越来越强烈，直到真正登船，扬起了去往东方的风帆……

西学东渐

随着科技的进步和航海技术的成熟，世界各地的交流越来越多，西方人一方面进行着三角贸易，一方面开始向东方传播自己的文化成果。中国人对新奇的西洋文化非常感兴趣，所以在这一时期，中国出现了不少从西方传入的东西。在中国历史上，我们把这一时期称为西学东渐。

首先是人，你没有看错就是人。文化的传播必须通过人，所以来到中国的外国人是文化传播的重要组成部分，其中比较出名的是来自意大利的利玛窦。他是个传教士，但他不仅带来了宗教，还带来了很多先进的西方科技和文化，明朝的万历皇帝很喜欢他。

此外，西方的一些书籍也传了进来。明朝的官员徐光启翻译了西方的几何著作《几何原本》，这是中国第一部西方数学译著。顺便说一下，这本书的原作者是西方的大数学家欧几里得。

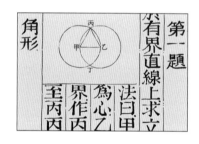

以前的汉语中是没有拉丁字母的，你熟悉的汉语拼音字母，就源于拉丁字母。在拉丁文传入之前，汉字标音使用的是"反切法"，这个方法有点难，你可以长大以后再学习。拼音就是利玛窦在学习中文的时候标音而发明的，具体方法你可以看看左侧这张图，当然了，那时候的拼音和现在不完全一样，我们现在学习的拼音是多次改良之后的。

历法的修改

在 21 世纪，我们一般把历法分为公历和农历，或者叫阳历和阴历，一般解释为公历（阳历）是按照太阳（阳）运行的规律设置的，农历（阴历）是按照月亮（阴）运行的规律设置的，但其实，这种说法是不准确的。真正完全按照月亮运行规律的历法其实叫夏历，但这种历法已经失传了，后来的阴历（农历）是人们参照了西洋历法之后，结合了太阳与月亮的运行规律而产生的阴阳合历。

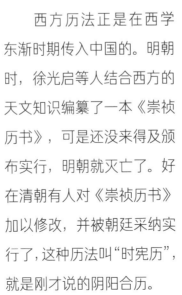

西方历法正是在西学东渐时期传入中国的。明朝时，徐光启等人结合西方的天文知识编纂了一本《崇祯历书》，可是还没来得及颁布实行，明朝就灭亡了。好在清朝有人对《崇祯历书》加以修改，并被朝廷采纳实行了，这种历法叫"时宪历"，就是刚才说的阴阳合历。

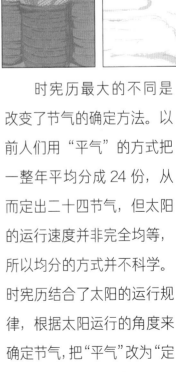

时宪历最大的不同是改变了节气的确定方法。以前人们用"平气"的方式把一整年平均分成 24 份，从而定出二十四节气，但太阳的运行速度并非完全均等，所以均分的方式并不科学。时宪历结合了太阳的运行规律，根据太阳运行的角度来确定节气，把"平气"改为"定气"，使历法更准确了。

打开紧闭的大门

开始觉醒的洋务派

1840 年鸦片战争以后，
更多西方人来到中国，
开拓自己的财路。
他们带来了很多稀奇的玩意儿。
清朝部分有见识的大臣认为引进西方的先进技术，
才能使清朝强大起来，这些人被称为"洋务派"。
洋务派的代表人物是曾国藩、李鸿章、左宗棠、张之洞
和恭亲王奕䜣。

张之洞
曾国藩
奕䜣
左宗棠
李鸿章

西餐的到来

民国时期，越来越多的洋人来到中国，一些洋人在中国的城市开起了西餐厅。西式餐馆让中国人觉得很新奇，因为当时大部分人并没有见识过西方的面包、牛排。随着西餐一起来到中国的还有西式糖果、糕点、冰激凌、咖啡等，这些食物也很受人们的欢迎。一时间，上西餐厅品尝西餐成为一种时尚。

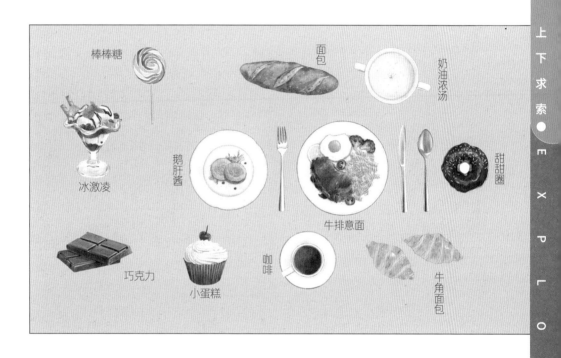

棒棒糖　面包　奶油浓汤　鹅肝酱　冰激凌　甜甜圈　牛排意面　巧克力　小蛋糕　咖啡　牛角面包

▶吃西餐的讲究

西餐是指西方人的餐食，西方人一般以刀、叉、勺为餐具，面包做主食。西餐上菜讲究一定的顺序，一般先上头盘，之后是汤、沙拉、主菜，最后上甜品和咖啡。

莫尔斯人工电报机

电报沪局牌匾

电报与电话

人类文明史证明科学技术是推动文明进步的重要力量，通信也不例外。文明步入电气时代后，通信水平得到了前所未有的提升。

1837 年，塞缪尔·莫尔斯制造出世界上第一台电报机，这是第一个用电来传递信息的设备。电报机的出现使远距离瞬间传递信息成为现实，人们再也不用通过各种交通工具来送信，只要发一份电报，顷刻间对方就能收到信息。

后来电报机传入中国，列强要求在中国架设电报线路，但清政府中的顽固派对新生事物持反对态度。

塞缪尔·莫尔斯

请发一份电报。
稍等。

▶人工交换机

在当时，人们打电话时需要通过人工接线才能与对方通话。

给我接皇帝。

老佛爷万安！

亲爸爸吉祥！

接线员

1868 年，上海租界的外国公司擅自架设电报线路，电报机通信技术传入中国。与此同时，洋务派也认识到电报通信的便捷，向朝廷申请自办电报。1877 年，福建巡抚丁日昌在台湾架设了中国第一条电报线路。此后，李鸿章又在上海和天津设立电报局，还将电报应用到了军事通信中。

渐渐地，电报开始在中国遍地开花，人们只要将信的内容交到电报局，电报员嘀嘀嗒嗒地操作一通，信息就会传到远方。辛亥革命前夕，中国各种电报局已达 394 处，电报线路超过 9 万里。

电报传入中国不久，有线电话也传入中国，有线电话更为便捷，只要接通对方线路，不论多远双方都能进行通话。

1877 年，中国第一部电话出现在上海，后来，越来越多的人开始使用电话，就连慈禧太后也开通了电话专线。住在颐和园的慈禧太后在外务部与颐和园之间修了一条皇家专线，以便于联系外务部，还设立了连接颐和园与中南海的光绪皇帝专线，以方便"指挥"光绪皇帝。

上下求索 ● EXPLORATION

剪辫子 穿新衣

  1911 年，辛亥革命爆发，推翻了中国最后一个封建王朝。中华民国建立后，首先要破除清朝留下来的旧制度。政府要求男子剪去辫子，于是学生和年轻人开始主动剪辫子，迎接新的社会。

  民国时，除了剪辫子，人们的服饰也发生了翻天覆地的改变。如果你来到民国时的北平，会发现人们的衣服样式非常丰富。热闹的大街上，行人穿着各式各样的衣服，有穿旗袍的女士、穿长袍马褂的教授、穿中山装的公务员、穿西装的年轻人、穿短衣黑裙的女学生，以及穿坎肩和长裤的人力车夫。

旗袍

旗袍原是满族妇女的袍子。在民国时，旗袍的款式多了起来，女性开始穿漂亮的旗袍。1929年，民国政府还将旗袍定为国家礼服之一。

剪辫子

但当时仍有一些人不肯剪辫子，比如清朝的遗老遗少，他们期盼着清政府能起死回生；还有一些人，害怕清政府死灰复燃，自己剪掉辫子会被治罪。过了很久，政府看到这些人不肯剪掉辫子，只能命军警强制剪掉他们的辫子。

开始穿西装

西装又叫西服，大约在19世纪40年代传到了中国。在民国时，西装开始流行。另外，礼帽、皮鞋、手杖、眼镜是西装的好搭档。

流行的长袍

长袍又叫长衫，清朝时期就有。民国时，长袍和马褂被定为日常的礼服。我们翻阅老照片就会发现，民国的文人大多穿着长衫。

中山装的来历

中山装是辛亥革命后流行的服装，相传是孙中山先生亲自设计的。由于孙中山的声望很高，这种新款的衣服迅速流行起来，后来还被民国政府定为文官的指定服装。

袄和裙

民国的女子除了穿旗袍外，还穿袄和裙。袄是上衣，通常是高领，有宽袖也有窄袖，有长袖也有短袖。裙就是裙子，有蓝色的和黑色的。民国时的女学生多穿这种风格的衣服，还为这种风格的服装起了个好听的名字，叫"文明新装"。

青出于蓝

如何理解"与世界相交，与时代相通"？

地球村是对地球的一种比喻说法。现代科技的发展，缩短了地球上的时空距离，国际间的交往日益便利，因而整个地球就如同是茫茫宇宙中的一个村落。身处信息时代的每个人，都深深感受着"与世界相交，与时代相通"的意义，课后半小时编委会这次化身成记者，采访了两位小朋友，看看他们是如何理解的吧！

同学俊仔 "与世界相交"啊，嗯……我每周五会去上英国外教老师的课，我们一起聊天，来提高口语，这算不算？

课后半小时编辑组 嗯嗯（点头），算的！学习不同的语言也是与世界连接的一种方式。

同学苗苗 我知道，我家的车是德国的，但有的零件也来自其他国家，我们与世界是相连的。

课后半小时编辑组 对哦，世界上的商品是流动的，也就是我们所说的出口和进口，当然在国外也可以买到许多我国生产的东西。

撰文：Sun

01 张骞出使西域是在哪位皇帝在政期间？（　　）

　　A. 汉武帝

　　B. 唐玄宗

　　C. 汉文帝

02 以下人物中谁属于洋务派？（可多选）（　　）

　　A. 曾国藩

　　B. 李鸿章

　　C. 左宗棠

03 马可·波罗到访中国时，正处于哪个朝代？（　　）

　　A. 唐朝

　　B. 元朝

　　C. 汉朝

名词索引

头脑风暴答案

1.A   2.ABC   3.B

致谢

《课后半小时 中国儿童核心素养培养计划》是一套由北京理工大学出版社童书中心课后半小时编辑组编著，全面对标中国学生发展核心素养要求的系列科普丛书，这套丛书的出版离不开内容创作者的支持，感谢米莱知识宇宙的授权。

本册《连接世界 你好，中国 你好，世界》内容汇编自以下出版作品：

[1]《看文明：200 个细节里的中国史》，北京理工大学出版社，2022 年出版。

[2]《图解少年中国史：服饰的故事》，电子工业出版社，2021 年出版。

[3]《图解少年中国史：饮食的故事》，电子工业出版社，2021 年出版。

[4]《图解少年中国史：房屋的故事》，电子工业出版社，2021 年出版。

[5]《图解少年中国史：交通的故事》，电子工业出版社，2021 年出版。

[6]《图解少年中国史：艺术的故事》，电子工业出版社，2021 年出版。

[7]《图解少年中国史：城市的故事》，电子工业出版社，2021 年出版。

[8]《图解少年中国史：商贸的故事》，电子工业出版社，2021 年出版。

[9]《你好，中国！你好，世界！》，北京理工大学出版社，2021 年出版。

图书在版编目（CIP）数据

课后半小时 : 中国儿童核心素养培养计划 : 共31册/
课后半小时编辑组编著. -- 北京 : 北京理工大学出版社, 2023.5
　　ISBN 978-7-5763-1906-4

　　Ⅰ.①课… Ⅱ.①课… Ⅲ.①科学知识—儿童读物
Ⅳ.①Z228.1

　　中国版本图书馆CIP数据核字(2022)第233813号

出版发行 / 北京理工大学出版社有限责任公司
社　　　址 / 北京市海淀区中关村南大街5号
邮　　　编 / 100081
电　　　话 / （010）82563891（童书出版中心）
网　　　址 / http://www.bitpress.com.cn
经　　　销 / 全国各地新华书店
印　　　刷 / 雅迪云印（天津）科技有限公司
开　　　本 / 787毫米×1092毫米　1 / 16
印　　　张 / 83.5
字　　　数 / 2480千字　　　　　　　　　　　　　　　责任编辑 / 李慧智
版　　　次 / 2023年5月第1版　2023年5月第1次印刷　　文案编辑 / 李慧智
审　图　号 / GS（2020）4919号　　　　　　　　　　　责任校对 / 刘亚男
定　　　价 / 898.00元（全31册）　　　　　　　　　　责任印制 / 王美丽